학습컨설팅 시리즈

04

학습전략 프로그램 워크북
: 읽기전략

Learning Strategies Program Workbook: Reading Strategy

김정섭 · 강명숙 · 윤채영 · 정세영
김지영 · 김소영 · 황두경

박영story

머리말

미래에는 학습이 중심이 되는 시대가 올 것이며, 평생학습이 더 확산될 것이다. 그러나 아직까지 학교현장은 학습보다 교육에, 학생역량보다 교사역량에 더 초점을 두는 것 같다. 가르치는 사람이 교육의 주체라고 여기는 사람들이 여전히 많기 때문이다. 대부분의 사람들은 교사가 잘 가르치면 학생은 잘 배울 것이라고 믿는다. 그래서 많은 교육자들이 학습의 질은 교육의 질을 넘어설 수 없다고 말한다.

그러나 교육의 질과 학습의 질을 동의어로 보아서는 안 된다. 교사의 역량과 상관없이 학생이 자기주도적으로 학습할 때 더 잘 배울 수 있기 때문이다. 교사가 가르치는 역량을 높여야 학습이 잘 이루어진다는 생각은 학생을 지나치게 수동적인 존재로 보는 관점이다. 교사가 어떻게 가르치느냐에 따라 학생의 학습수준이 결정된다고 보기 때문이다.

우리는 이런 관점에서 벗어나 학생의 학습역량을 높이는 것이 무엇보다 중요하고 선결되어야 한다는 관점을 가지고 있다. 학생이 학습으로부터 도망가고 있는데, 교사의 수업역량만 개선하는 것은 문제의 본질을 건드리지 못하고 변죽만 울리는 꼴이다. 교사연수를 통해 교사의 역량을 향상시키려 하였으나 학생의 학습문제가 더 심각해지는 현실을 보면, 교육에 대한 관점의 전환이 필요한 시점임을 알 수 있다. 우리나라 학생들은 대부분 대학진학을 목표로 열심히 공부하면서 학창시절을 보내고, 대학진학 후에도 취업하기 위해 열심히 공부한다. 그러나 많은 대학생은 스스로 학습관리를 해 나가야 하는 학습환경 속에서 당혹감과 상실감을 경험한다. 대학 수업에 적합한 학습전략을 가지고 있지 않을 때 더욱 그렇다. 우리는 학업에 적응하지 못하는 대학생을 연구하며, 이러한 문제를 해결하기 위해 초등학생 및 중학생 때부터 학습전략을 익히고 활용하는 것이 중요하다는 것을 알게 되었다. 여러 해 동안 초등학교와 중학교에 학습전략 프로그램을 적용하며 그 효과를 연구하였고, 많은 연구물과 책을 발간하게 되었다. 그리고 기존의 책들을 정리하여 이 책을 재출간하였다.

특히 아직 스스로 학습하는 방법을 모르는 초등학생과 중학생들에게 이 학습전략 프로그램을 권하고 싶다. 또한 학교나 기타 교육기관도 학생들에게 단지 '열심히 공부하라'고 말하기보다는 이 프로그램을 도입하여 아이들이 진정한 꿈을 찾고 그 꿈을 달성하는 방법을 익히도록 도와주기를 권한다.

이 책은 다음과 같이 구성되어 있다. 첫 권은 시간관리에 관한 것이다. 학습의 양은 실제로 학습한 시간에 정비례한다. 학습하기 위해 사용한 시간이 많을수록 배운 것이 더 많다는 것이다. 여기서 중요한 점은 책상에 앉아 있는 시간이 아니라 집중해서 학습한 시간의 양이다. 목표의식을 잃은 아이들은 학습에 집중하지 못하고 왜 학습해야 하는지도 모른다. 따라서 학습은 시간관리부터 시작해야 한다. 이 책의 안내에 따라 교육받은 학생은 자신의 꿈을 찾는 것과 그 꿈을 이루기 위해 시간을 효과적으로 관리하는 방법을 배우게 될 것이다.

둘째 권의 집중전략 부분에서는 집중이 잘되는 환경을 만들고, 집중력을 높이는 다양한 방법이 소개되어 있다. 이 책에서는 학생들이 자신의 어떤 집중력이 부족한지 파악하고 그것을 극복하는 방법을 배우게 될 것이다.

셋째 권은 기억전략의 내용을 담고 있다. 아무리 많은 시간 동안 집중해서 공부했더라도 자고 나서 그것을 잊어버린다면 정말 안타까울 것이다. 따라서 배운 것을 잘 기억하는 방법을 익히면 그렇지 않은 학생에 비해 더욱 학업성취도를 높일 수 있을 것이다.

넷째 권의 읽기전략 부분에서는 사칙연산이라는 신선한 접근법을 통하여 읽기전략을 쉽게 가르치고 배울 수 있다. 특히 대부분의 학생들이 어려워하는 추론하면서 읽기 부분을 세분화하여 단계별로 학습할 수 있도록 구성하였다.

다섯째 권의 시험관리는 평소 공부습관과 시험에 대한 태도부터 시험 직전까지의 준비와 실제 시험상황 그리고 시험 후의 분석까지 체계적으로 알려주고 있다. 또 시험불안에 대한 정도를 알아보고 이를 극복할 수 있는 방안까지 제시하고 있어서 시험에 대한 걱정이 많은 학생들에게 도움이 될 것이다.

이 다섯 가지의 학습전략 프로그램은 학습컨설턴트나 교사가 학생들에게 쉽게 전달할 수 있도록 수업지도안 형태로 구성되었으므로, 전문가가 학생들에게 쉽게 전달할 수 있는데 조금이나마 도움이 되리라 믿어 의심치 않는다. 많은 이들이 사용해보고 피드백을 연구진에게 전해 준다면, 점차 더 좋은 책으로 발전되리라 확신한다.

OECD 국가 중 행복지수에서 우리나라가 항상 하위권에 머무르고 있다. 더구나 학생들의 행복지수는 거의 꼴등에 가까운 것이 현실이다. 따라서 이 책을 통해 많은 아이들이 학습에 있어서 진정한 행복을 느낄 수 있기를 진심으로 바라는 바이다. 끝으로 이 연구결과물이 나올 수 있게 도움을 주신 많은 분들께 감사의 말을 전한다.

저자를 대표하여 김 정 섭

목 차

chapter

01

글의 의미대로 나누기

_읽기의 사칙연산; 나눗셈(÷)

Dream
Best
1
2
3

CHAPTER 01 글의 의미대로 나누기

_읽기의 사칙연산; 나눗셈(÷)

- 여러분이 글의 의미를 잘 파악하기 위해서는 먼저 글이 어떻게 구성되어 있는지 알아야 합니다. 글은 겉과 속이 다르게 표현되어 있기 때문에 여러분은 글의 표면적인 구조를 알고, 글을 비슷한 의미들끼리 나눌 수 있어야 글의 흐름을 파악하여 제대로 이해할 수 있게 됩니다.
- 제1장은 글의 표면적 구조를 이해하도록 돕는 기초활동들이 포함되어 있습니다. 이를 위해 글의 구성과 여러 개의 문장에서 의미중심으로 글을 나누어 읽는 방법, 그리고 여러 개의 문단에서 의미중심으로 글을 나누어 보는 연습활동으로 구성되어 있습니다.
- 읽기의 사칙연산에서 글을 의미대로 나누어 보는 것은 가장 기본적인 단계입니다. 따라서 제1장의 내용은 글에 대한 기본 개념과 글 이해가 무엇인지 처음 배우는 학생들이나 글을 잘 이해하지 못해 학습에 어려움을 겪고 있는 학생들에게 잘 맞을 것입니다.

목표

- 글이 어떻게 구성되어 있는지 이해할 수 있다.
- 글이 '의미' 중심으로 어떻게 구성되어 있는지 나누어 구분할 수 있다.

준비물

- 학생용 워크북
- 교과서 한 권(사회과나 국어과 교과서 중 택 1)
- 국어사전

모듈 1.1

글은 무엇이고, 어떻게 구성되어 있을까?

활동 1 각자 가지고 있는 글을 보고, 다음 질문에 답하세요.

가. '글'은 무엇인가요?

- 어떤 내용이 적혀져 있는가?
- 누가 쓴 것인가?
- 무엇에 대한 것인가?
- 어떻게 쓰게 되었는가?
- 왜 쓰게 된 것인가?
- 언제 쓴 것인가?
- 어디서 쓴 것인가?

나. '글'이란?

▹ 자신의 생각:

▹ 사전의 의미:

1. 생각이나 일 따위의 내용을 글자로 나타낸 기록
2. 학문이나 학식을 비유적으로 이르는 말
3. 글자

다. 글은 어떻게 구성되어 있을까요?

제목 ▸ 문단 ▸ 문장 ▸ 단어

모듈 1.2
문장을 의미중심으로 나누기

활동 1 다음 문장을 읽고, 의미대로 나누어 보세요.

띄어쓰기 중심으로 나누어 읽기

① 아 버 지 가 방 에 들 어 가 신 다.

② 어 머 니 가 위 의 물 건 을 내 리 신 다. 그 런 다 음 할 아 버 지 가 수 요 일 에 그 물 건 을 쓴 다 고 리 어 카 에 실 으 셨 다.

의미 중심으로 나누어 읽기

① 띄어쓰기중심으로 나누어 읽기

여 름 에 는 차 가 운 아 이 스 크 림 을 많 이 먹 는 다.

② 의미중심으로 나누어 읽기

여 름 에 는 차 가 운 아 이 스 크 림 을 많 이 먹 는 다.

③ 의미중심으로 나누어 읽기

아 침 을 거 르 게 되 면 뇌 에 충 분 한 영 양 이 공 급 되 지 않 아 기 억 력 이 떨 어 진 다. 아 침 을 꼭 챙 겨 먹 는 학 생 들 은 그 렇 지 않 은 학 생 들 보 다 기 억 력 이 좋 을 수 도 있 다.

④ 추가활동

우 리 는 알 고 싶 거 나 필 요 한 정 보 가 있 을 때 여 러 가 지 자 료 를 통 하 여 정 보 를 찾 는 다. 여 러 가 지 자 료 에 는 무 엇 이 있 을 까?

모듈 1.3

문단을 의미중심으로 나누기

활동 1 다음 문장을 읽고, 문단을 의미중심으로 나누어 보세요.

옛날 어린이들이 즐기던 놀이에는 여러 가지가 있습니다. 그 중에서 꼬리잡기, 그림자밟기는 어떻게 하는 놀이인지 알아봅시다. 우선, 꼬리잡기는 같은 줄의 맨 앞사람이 맨 뒷사람을 잡는 놀이입니다. 이 놀이를 하려면 먼저 여러 사람이 한 줄로 늘어섭니다. 그리고 뒷사람은 앞 사람의 허리를 잡고 몸을 구부립니다. 맨 앞 사람이 술래가 되어 맨 뒷사람을 잡습니다. 그림자밟기는 가위 바위 보로 술래를 정하여 술래가 뛰어 도망 다니는 아이들의 그림자를 밟아서 잡는 놀이입니다. 그림자가 밟혀서 잡힌 아이는 교대하여 술래가 되며, 끝내 잡지 못한 술래는 노래를 하거나 춤을 추어야 하는 벌을 받게 됩니다.

(교육부, 2014)

활동 2 다음 문장을 읽고, 문단을 의미중심으로 나누어 보세요.

사람들이 가장 좋아하는 애완동물이 무엇인지 맞춰보아라. 이 동물은 집에 들어오면 제일 먼저 꼬리를 흔들며 반긴다. 아주 영리해서 주인의 말귀도 잘 알아듣는다. 사람을 잘 따르고, 한 가족처럼 지내는 동물은 바로 개다. 개는 냄새로 생활을 한다. 먹이를 찾는 것도, 새끼가 어미를 알아보는 것도, 이성 친구를 찾는 것도 모두 냄새로 한다. 그래서 낯선 곳에 가면 여기저기 냄새를 맡느라 정신이 없다. 개는 소리를 아주 잘 듣는다. 사람이 들을 수 없는 높은 소리도 들을 수 있다. 그리고 어두운 곳에서도 잘 볼 수 있고, 움직이는 물체를 잘 알아본다. 하지만 색깔을 잘 구별하지 못한다.

개는 자기를 길러준 주인을 어디든지 따라가서 잘 적응하며 살 수 있다. 특히, 주인에게는 충성심을 가지고 그 밖의 낯선 사람들을 경계한다. 우리나라에는 개의 충성심에 대해 전해져 내려오는 이야기가 많다. 그 중에서 불구덩이에 있는 주인을 구하고 죽은 개의 이야기가 널리 알려져 있다.

(교육부, 2014)

모듈 1.4

읽기의 나눗셈 실천하기

활동 1 **다음 문장을 의미대로 나눈 후 아래의 문제에 답해보세요.**

과학자들은 가뭄이 들지 않더라도 물이 부족해지는 사태가 올 것이라고 말한다. 앞으로 다가올지도 모르는 물 부족 현상을 막기 위해서는 평소에 물을 아껴 써야 한다. 그렇다면 우리가 물을 아낄 수 있는 방법에는 어떤 것이 있는지 생각해보자.

첫째, 양치를 하거나 세수를 할 때에는 양칫물을 컵에 받아서 쓰고 세숫물은 세면대에 받아서 쓰자. 그러면 필요한 만큼의 물만 사용하게 되어 물을 아낄 수 있다.

둘째, 수세식 변기에 벽돌이나 물을 담은 병을 넣어 두는 것도 좋은 방법이다. 이렇게 하면 많은 양의 물을 절약할 수 있다.

셋째, 기름이 묻은 그릇은 미리 휴지 등으로 기름을 닦아 내고 설거지를 하자. 이렇게 하면 설거지하는 데에 쓰이는 물이 줄어들어서 물을 절약할 수 있다.

그 밖에도, 일상생활에서 물을 아낄 수 있는 방법은 많다. 우리 주변에서 무심코 낭비되는 물이 있는지 다시 한 번 살펴보고, 낭비되는 물을 아끼는 방법을 생각하여 그 방법을 일상생활에서 실천하도록 하자.

(교육부, 2009)

1. 의미중심으로 나누어 읽으면서 사선으로 표시해 보세요.
2. 총 몇 문단인가요? (　　　　) 문단
3. 총 몇 개의 괄호로 묶일 수 있나요? (　　　) 괄호
4. 각 괄호에 해당하는 문단은 어떤 문단인가요?　괄호1 (　　　　)　괄호 2 (　　　　　　)
   괄호 3 (　　　　)

chapter 02

글의 의미에 맞게 연결하기

_읽기의 사칙연산; 덧셈(+)

100

CHAPTER 02 글의 의미에 맞게 연결하기
_읽기의 사칙연산; 덧셈(+)

- 글은 문장 하나하나가 모여서 구성됩니다. 문장과 문장을 연결하기 위해 문장 사이에서 접속어가 중요한 역할을 합니다. 여러분은 문장을 연결하는 접속어가 문장을 어떻게 이어주는지 내용 연결 관계를 파악하면 글을 쉽게 이해할 수 있게 됩니다.
- 제2장은 글의 내용을 연결해 보는 활동과 문장들을 서로 연결해 보거나 연결해주는 접속어를 찾아보는 활동들로 구성되어 있습니다.
- 제2장의 내용은 글을 이해할 때 어떤 내용에서 다른 어떤 내용으로 달라지는 것을 파악하지 못하는 학생이나 글의 연결 관계에 대해 흥미가 없는 학생들이 각 모듈의 활동들을 선별적으로 연습해 보면 글의 이해하는 데 도움이 될 것입니다.

목표

- 글의 의미를 파악하여 글의 의미를 연결할 수 있다.
- 글의 내용을 연결할 수 있다.
- 이어주는 말을 찾을 수 있다.

준비물

- 학생용 워크북

모듈 2.1

글은 어떻게 연결되어 있을까?

활동 1 다음 빈칸을 채운 후, 이야기를 만들어 봅시다.

가. 채워 넣기

	누가? (주인공)	무엇을? (사건)	언제? (시간)	어디서? (장소)	어떻게? (해결)	왜? (이유)
1						
2						
3						
4						

나. 이야기 만들어 보기

모듈 2.2

문장 연결하기

활동 1 다음 문장들을 한 문장으로 연결해 봅시다.

① "수업이 재미있었다." ② "열심히 수업에 참여했다."

① 그는 13세이다. ② 그는 초등학생이다. ③ 그는 학교 가기를 싫어한다.

모듈 2.3

문장 이어주는 말 찾기

활동 1 다음 문장들을 서로 이어주는 말을 넣어 봅시다.

그러므로/ 왜냐하면/ 하지만/ 오히려/ 즉

1) 가난한 사람들의 건강문제는 심각하다. ( ) 이들을 위한 집중적인 노력이 필요하다.
   - '이들'은 누구를 말하는 건가요?

2) 내가 반장이 되는 것이 좋겠습니다. ( ) 반장은 학반을 대표하기 때문에 힘이 있어야 합니다. 나는 운동을 많이 하여 힘이 있습니다.

3) 평소 그는 활기차다. ( ) 오늘 그는 꽤 심각해 보인다.

활동 2 밑줄에 어떤 문장이 이어져야 하는지 찾아봅시다.

가.
영희는 날씨가 너무 더워 얼른 냉장고문을 열었습니다. 그런데 냉장고에는 ______________.

① 많은 음식들 뿐 마실 것은 하나도 없었습니다.
② 다양한 음식들이 있었습니다.
③ 가득 차 빈틈이 없었습니다.

나.
할아버지와 경덕이는 가난했지만, ______________.

① 언제나 굶으며 살았다.
② 서로 사랑하며 살았다.
③ 너무 힘들게 살았다.

chapter 03

글의 핵심의미만 오려내기

_읽기의 사칙연산; 뺄셈(-)

모듈 3.1 글에서 중요한 부분은 무엇일까?

모듈 3.2 글의 제목, 중심내용, 세부내용 구분하기

모듈 3.3 글의 제목, 중심내용, 세부내용 연결하기

모듈 3.4 글의 제목, 중심내용, 세부내용 구분하고 요약하기

CHAPTER 03 글의 핵심의미만 오려내기

_읽기의 사칙연산; 뺄셈(-)

- 하나의 글은 여러 내용을 담고 있습니다. 그 중에는 중요한 내용과 그렇지 않은 내용이 뒤섞여 있습니다. 여러분이 글을 읽으면서 중요한 내용을 추려내어 중심내용과 세부내용을 구분할 수 있고 내용 간 관계를 이해할 수 있게 되면, 글의 핵심내용을 파악하는 실력이 점점 좋아진다는 것을 느끼게 될 것입니다. 글을 이해하는 실력이 향상되면서 중심문장이 구체적으로 기술되어 있지 않아도 전체 내용을 통해 중심내용을 유추하고 중심문장을 만들 수 있게 될 것입니다.
- 제3장은 제목과 중심내용, 세부내용을 구분하고 연결하는 활동과 글의 내용을 요약하는 활동으로 구성되어 있습니다.
- 제3장의 내용은 글을 이해할 때 주요 내용을 잘 파악하지 못하는 학생들이나 글의 내용 전체를 세세하게 다 기억하려고 하는 학생들이 각 모듈의 활동들을 선별적으로 활용하여 연습하면 도움이 될 것입니다.

목표

- 글에서 중요한 내용과 그렇지 않은 내용을 구분할 수 있다.
- 글의 제목과 중심내용, 세부내용을 구분할 수 있다.
- 글의 제목과 중심내용, 세부내용을 연결할 수 있다.
- 글의 제목과 중심내용, 세부내용을 요약할 수 있다.

준비물

- 학생용 워크북
- 싸인펜(필기구)

모듈 3.1

글에서 중요한 부분은 무엇일까?

활동 1 아래의 글에서 중요하지 않은 부분을 빼고, 간단하고 짧게 다시 적어보세요.

가.

"충무공 이순신은 마산에서 50리 떨어져 있는 충무의 앞바다에 거북선을 모았다."

나.

"사람들이 살아가는 데 꼭 필요한 것은 더위와 추위로부터 몸을 보호해주는 옷, 몸을 건강하게 해주는 음식, 그리고 편안하게 쉴 수 있는 집이다."

다.

요즘 사람들은 많은 자료들을 저장하고 그것을 사용하여 새로운 자료를 만드는 데에 노트북을 유용하게 사용한다. 무엇보다 실시간으로 인터넷 검색을 하고, 사진을 찍고, 통화를 하며 메시지를 전송할 수 있는 스마트폰을 사람들은 더 많이 사용한다. 뿐만 아니라 스마트 워치 등 새로운 스마트 기기들이 개발되고 있다.

라.

우리 반 친구들은 서로 이름을 부르지 않는다. 진수는 남자아이인데 머리를 묶어 다녀서 꽁지머리라고 불린다. 현희는 유난히 검은 피부 때문에 흑진주라고 불리며 세준이는 노래도 잘 부르고 목소리가 마이크 소리처럼 울려서 울림통이라 불린다. 그리고 복동이는 친구들 앞에서 부끄러움 없이 방귀를 자주 뀌어서 뿡뿡이라 불리는데 복동이도 이렇게 불리는 것을 좋아한다.

모듈 3.2

글의 제목, 중심내용, 세부내용 구분하기

활동 1 아래 글의 제목, 중심내용, 세부내용을 나타내는 문장을 구분해 봅시다.

가. 공부를 잘 하기 위해 알아야 할 어휘

공부를 잘 하려면 두 가지 종류의 어휘를 익혀야 한다. 하나는 전문적인 어휘이다. 수학공부를 할 때 기호가 무슨 뜻인지를 알아야 한다. 다른 하나는 일반적인 어휘이다. 누가 당신에게 '창의적인' 사람이라 부른다면 '창의적인'이 무슨 의미인지 알아야 한다.

제목	
중심내용	
세부내용	

나.

사람과 동물은 여러 가지로 차이가 있다. 사람이 편리한 도구를 만들어 생활에 이용할 수 있는 지혜를 가지고 있는 것은 동물과 다른 점이다. 또한, 사람이 말을 사용하여 서로의 뜻을 주고받을 수 있다는 것도 동물과 다르다. 그리고 글을 만들어 생각을 기록할 수 있는 것도 다른 동물에서는 찾아볼 수 없다. 또한 사람들은 사회생활을 하면서 서로 돕고 사는 점이 동물과 다르다.

제목	
중심내용	
세부내용	

모듈 3.3

글의 제목, 중심내용, 세부내용 연결하기

활동 1 다음 a~d에는 제목 1개, 중심내용 1개 그리고 세부내용 2개가 있습니다. 제목과 중심내용, 그리고 세부내용을 나타내는 문장의 밑줄에 제, 중, 세라고 적은 후, 내용이 연결되도록 순서대로 나열해 보세요.

a. 나는 축구 선수가 되고 싶다. ………… ____

b. 몸도 튼튼해져서 좋다. ………… ____

c. 축구를 하면 기분이 좋아지고 부자가 될 수 있다. ………… ____

d. 나의 소망 ………… ____

▸ 내용이 연결되도록 4개의 문장을 순서대로 나열해보기: ___ → ___ → ___ → ___

활동 2 다음 a~d에는 제목 1개, 중심내용 1개 그리고 세부내용 2개가 있습니다. 제목과 중심내용, 그리고 세부내용을 나타내는 문장의 밑줄에 제, 중, 세라고 적은 후, 내용이 연결되도록 순서대로 나열해 보세요.

a. 강아지는 어릴수록 시간과 정성이 더 많이 요구되므로 나이를 고려해야 한다. ………… ____

b. 강아지 선택하기 ………… ____

c. 강아지를 선택할 때 고려해 보아야 할 몇 가지 요소가 있다. ………… ____

d. 강아지가 다 자랐을 때의 몸집의 크기도 중요하다. ………… ____

▸ 내용이 연결되도록 4개의 문장을 순서대로 나열해보기: ___ → ___ → ___ → ___

모듈 3.4

글의 제목, 중심내용, 세부내용 구분하고 요약하기

활동 1 아래 글을 읽고, 제목, 중심내용, 세부내용을 구분하고, 요약해 봅시다.

㉠ 프랑스 사람들은 밀가루로 만든 '바게트'라는 긴 빵을 만들어 먹습니다. ㉡ 러시아와 북유럽 사람들은 호밀로 만든 딱딱하고 검은 빵을 많이 먹습니다. ㉢ 미국 남서부와 중앙아메리카 사람들은 '토틸라'라는 납작한 옥수수빵을 좋아합니다. ㉣ 이렇게 세계의 여러 나라 사람들은 다양한 빵을 먹습니다.

(김영채, 2005)

제목	
중심내용	
세부내용	

활동 2 아래 글을 읽고, 제목, 중심내용, 세부내용을 구분하고, 요약해 봅시다.

㉠ 병을 치료할 때 의사는 하얀 가운을 입는다. ㉡ 학생들은 학교마다 다른 교복을 입는다. ㉢ 운동을 하는 사람들은 체육복을 입는다. ㉣ 그리고 사거리에서 교통정리를 하고 있는 경찰관은 눈에 잘 띄는 경찰관 제복을 입고 일한다. ㉤ 어떤 일을 하느냐에 따라서 입는 옷이 다르다.

(김영채, 2005)

제목	
중심내용	
세부내용	

chapter 04

글의 행간의미 배가하기

_읽기의 사칙연산; 곱셈(×)

CHAPTER 04

글의 행간의미 배가하기

_읽기의 사칙연산; 곱셈(×)

- 글 읽기는 적혀있는 글을 읽고, 글에 숨어있는 의미를 찾는 작업입니다. 여러분은 글을 읽을 때 빠진 내용을 보완해가면서 읽게 됩니다. 이 과정에 필요한 것이 추론입니다. 여러분이 글의 의미를 추론할 때 자신의 배경지식과 글에 제시되어 있는 단서를 이용할 수 있어야 합니다.
- 제4장은 글에 제시되어 있지 않은 내용 즉, 숨어있는 의미를 찾고, 상상해보는 활동으로 구성되어 있습니다.
- 제4장의 내용은 글을 이해할 때 글에 제시되어 있는 내용만 기억하는 학생이나 앞 뒤 연결 관계를 잘 파악하지 못하는 학생들이 각 모듈의 활동들을 선별적으로 활용하여 연습하면 도움이 될 것입니다.

목표

- 글의 흐름(맥락)을 활용하여 의미를 추측할 수 있다.
- 글에 숨어있는 의미를 파악하고, 상상할 수 있다.

준비물

- 학생용 워크북

모듈 4.1
숨은 의미를 어떻게 찾을까?

활동 1 아래 글의 문맥을 활용하여 빈칸을 채워 봅시다.

① 우리 (   )은(는) 아빠, 엄마, 나, 동생으로 이루어져 있습니다.

② (   )에 가면 사자, 호랑이, 코끼리 기린과 같은 (   ) 과(와) 독수리, 앵무새, 공작새, 부엉이와 같은 (   ), 그리고 물개, 돌고래, 펭귄과 같은 (   )을(를) 볼 수 있습니다.

활동 2 아래 글에서 단어의 뜻을 미리 추측해 봅시다.

[예시] 대한민국 팀이 양궁에서 금메달을 반드시 딸 것이라는 우리들의 ㉠ 예견은 반갑게도 ㉡ 적중했다.

◦'예견'의 뜻 : 미리 내다보다, 어떨 것이라고 짐작되다.

내가 짐작한 것	사전에서 찾은 것	비슷한 단어 (바꾸어 넣을 수 있는 단어)
◦단어만 보고 짐작한 '적중'의 의미: ◦문맥을 보고 짐작한 '적중'의 의미:	㉡'적중'의 뜻:	

옛날에는 자식들이 아침에 일어나 부모님께 정갈한 모습으로 ㉠ 문안 인사를 드렸다. 그리고 식사를 할 때에는 부모님들이 먼저 수저를 들고 드시기 전까지 식사를 하지 않았다. 이는 자식들이 부모에게 ㉡ 예의를 잘 지켰다는 것을 의미한다.

㉠'문안'의 뜻은 무엇일까요? ______________________________

㉡'예의'의 뜻은 무엇일까요? ______________________________

모듈 4.2

숨은 의미 찾기

활동 1 **아래 글에서 제시되지 있지 않은 사건을 추측해 봅시다.**

어느 더운 날 아빠는 나와 함께 자동차 트렁크에 음료수를 싣고 멀리 시골에 살고계신 할머니 댁으로 운전해서 올라갔습니다. 도착한 다음 아빠와 나는 너무 더워서 음료수를 마셨습니다. 그 음료수는 시원하지 않았습니다.

① 왜 음료수는 시원하지 않았을까요?

② 왜 그렇게 생각하였나요?

③ 아빠와 나는 음료수를 마시기 전에 무엇을 했을까요?

활동 2 아래 문장을 읽고, 제시되어 있지 않은 문장을 추론하여 넣어 봅시다.

영희는 자전거를 타고 가게에 갔다. 철수는 그녀를 따라갔다. 철수의 자전거 타이어에 바람이 빠졌다. 철수는 울었다.

① 문장을 읽어보고 제시되어 있지 않은 내용을 생각하여, 문장과 문장사이에 적어 넣어보세요 (총 문장이 5문장 이상이 되도록 적기).

② 철수는 그녀를 왜 따라갔을까요?

③ 그는 왜 울었을까요?

모듈 4.3

숨은 의미 상상하기

활동 1 아래의 글의 내용을 가지고 숨은 의미를 상상해 봅시다.

캠프파이어를 하면서 놀고 있었다. 마칠 때가 다 되어 철수가 양동이에 물을 길어왔다. 불이 꺼졌다.

① 왜 물을 길으러갔는가?

② 왜 불이 꺼졌는가?

③ 그 다음에 어떤 일이 벌어질까?

활동 2 아래 글의 내용을 가지고 숨은 의미를 상상해 봅시다.

내 방에서 컴퓨터 게임을 하고 있었다. 갑자기 엄마 목소리가 들려서 책을 펼쳤다. 누나가 들어왔다.

① 왜 책을 펼쳤는가?

② 왜 누나가 들어왔을까?

③ 그 다음에 어떤 일이 벌어질까?

chapter 05

글 읽기의 실제

_읽기 전·중·후 전략 익히기

ㄱ
ㄴ
2
ㄷ
3

CHAPTER 05 글 읽기의 실제

_읽기 전 · 중 · 후 전략 익히기

- 글을 읽는 과정은 읽기 전, 읽는 중, 읽은 후로 나눠집니다. 여러분은 글을 읽기 전에 읽을 내용에 대해 자신이 알고 있는 것과 궁금한 것을 생각해 볼 수 있습니다. 그리고 글을 읽어나가는 동안 이미 알고 있는 것을 이용하여 글을 이해하고, 궁금한 것에 대한 답을 찾기 위해 적극적으로 글을 읽게 됩니다. 마지막으로 글을 읽은 후에는 중요한 내용을 찾아 정리하게 되는데 이러한 과정을 거치게 되면 효과적으로 독서를 할 수 있게 됩니다.
- 제5장은 글 읽기 전 • 중 • 후 전략을 사용하여 글을 이해하고 정리하는 활동으로 구성되어 있습니다.
- 제5장의 내용은 글을 이해할 때 글의 표면적인 내용만 기억하고, 내용 요약이 잘 안되며 글을 어떻게 읽고 정리하는지를 모르는 학생이 모듈에 제시된 활동들을 활용해 연습하면 도움이 될 것입니다.

목표

- 글을 이해하는 전략에 대해 알 수 있다.
- 글을 읽으면서 중요한 내용을 파악할 수 있다.
- 글을 이해하는 요령에 대해 알 수 있다.
- 글을 읽은 후 글의 내용을 시각화하고 요약할 수 있다.

준비물

- 학생용 워크북

모듈 5.1

글을 읽기 전, 무엇을 해야 할까?

활동 1 '식물의 생존방법'에 대해 알고 있는 것과 알고 싶은 것을 모두 적어 주세요.

제목: 식물의 생존방법

K (what we Know : 이미 알고 있는 것)

W (what we Want to find out : 알고 싶은 것)

모듈 5.2

글 이해 전략 익히기

활동 1 **글 이해 전략에 따라 다음 글을 읽고, 물음에 답하세요.**

1. 훑어 읽기(= 대충읽기)
2. 내용을 자세히 읽으며 비슷한 내용끼리 나누기(= 문단 나누기)
3. 자세히 읽은 전체 글은 무엇에(누구에) 대한 것인가?(= 이 글의 제목은 무엇인가?)
4. 이 글의 중심내용은 무엇인가?(= 저자가 정말로 말하고 싶어 하는 것은 무엇인가?)
5. (중심내용을) 뒷받침하는 세부내용은 무엇인가?(= 중심내용을 자세히 설명하는 내용은 무엇인가?)

( )

식물은 곤충이 자기를 먹으려고 하는 것을 여러 가지 방법으로 막는다. 장미와 같은 식물은 가시를 만들어 곤충이 접근하는 것을 막는다. 제라늄처럼 독가스를 품어 곤충을 막는 식물도 있다. 하지만 어떤 식물은 번식할 때가 되면 곤충을 유인한다. 곤충들이 꽃가루를 옮겨 번식이 이루어지도록 하기 위해서이다. 가장 많이 사용하는 방법은 꿀을 이용하여 곤충을 유인하는 것이다. 꽃의 온도를 높여 야행성 곤충이 따뜻한 꽃으로 모이도록 유인하는 식물도 있다.

특이하게도 곤충을 잡아먹는 식물도 있다. 이러한 식물은 주로 습지와 같은 영양분이 부족한 땅에서 자라기 때문에 그 땅에서 얻을 수 없는 주요 영양분을 곤충을 통하여 보충한다. 예를 들어, 끈끈이주걱은 끈적끈적한 액체를 이용하여 곤충을 잡는다. 또 파리지옥은 잎을 이용하여 곤충을 잡는다.

이렇게 식물은 곤충을 다양한 방법으로 막고, 번식을 위해 이용하기도 하며 잡아먹기도 한다.

(교육부, 2013)

활동 2 [활동 1]에서 읽은 글의 내용에 대한 아래의 물음에 답하세요.

제목 (무엇에(누구에) 대한 것인가?)	
문단의 개수	
중심내용 (저자가 당신에게 정말로 말하고 싶어 하는 것은 무엇인가?)	
세부내용 (중심내용을 자세히 설명하는 내용은 무엇인가?)	

모듈 5.3

글 이해 전략 실천하기

활동 1 **글 이해 전략에 따라 다음 글을 읽고, 물음에 답하세요.**

1. 훑어 읽기(= 대충읽기)
2. 내용을 자세히 읽으며 비슷한 내용끼리 나누기(= 문단 나누기)
3. 자세히 읽은 전체 글은 무엇에(누구에) 대한 것인가?(= 이 글의 제목은 무엇인가?)
4. 이 글의 중심내용은 무엇인가?(= 저자가 정말로 말하고 싶어 하는 것은 무엇인가?)
5. (중심내용을) 뒷받침하는 세부내용은 무엇인가?(= 중심내용을 자세히 설명하는 내용은 무엇인가?)

창과 방패

옛날, 어느 마을에 창과 방패를 파는 사람이 있었다. 이 사람은 장에 나가 창과 방패를 팔았다. 먼저, 창을 들고 사람들을 향하여 큰 소리로 말하였다.

"여러분, 여러분은 이 창을 사야 합니다. 이 창을 사지 않으면 후회할 거예요. 왜냐고요? 자, 이 창을 보세요. 얼마나 날카롭습니까? 세상에서 뚫지 못할 게 없습니다. 이 창은 아무리 튼튼한 방패라도 모두 뚫습니다."

그리고 잠시 뒤에 다음과 같은 말을 덧붙였다.

"이 방패를 보세요. 여러분은 이 방패도 사야 합니다. 이 방패는 정말 튼튼하지요. 제 아무리 창칼이 날카롭다고 해도 이것만 있으면 안심입니다. 어떤 창이나 칼도 이 방패를 뚫지 못할 테니까요."

(교육부, 2009)

활동 2 활동 1에서 읽은 글을 1, 2, 3과 같은 형태로 정리해 보세요.

1. 간단한 문장으로 정리하기

2. 표로 정리하기

3. 다이어그램으로 정리하기

활동 3 활동 1의 '창과 방패'라는 글을 읽고, 다음과 같은 방식으로 정리해 보세요.

제목	
중심내용	
세부내용	
그림으로 표현하기 (마인드맵 또는 표 등)	

활동 4 선생님이 제시한 글을 읽고 다음 표에 그 내용을 정리해 보세요.

제목:	

참고문헌

교육부(2014). 초등학교 4학년 1학기 읽기.
교육부(2013). 초등학교 5학년 과학.
교육부(2013). 초등학교 6학년 국어.
교육부(2009). 초등학교 5학년 1학기 읽기.
김동일, 신을진, 이명경, 김형수 공저(2011). 학습상담. 서울: 학지사.
김소영, 서봉금, 김정섭(2014). 목표설정 중심의 시간관리 프로그램이 중학생의 진로 자기효능감에 미치는 효과. 사고개발, 2014,10(2), 31－47.
김소영, 최지만, 김정섭(2013). 학습컨설팅 프로그램이 초등학교 학습부진아의 주의집중력에 미치는 효과. 사고개발, 2013, 9(3), 43－61.
김영채(2005). 생각하는 독서. 서울: 박영사.
김영채(2011). 독서이해와 글쓰기. 서울: 교육과학사.
김의식(2012). 바보처럼 공부하고 천재처럼 꿈꿔라. 서울:명진출판.
김정섭(2009). 학습컨설팅의 중요성과 학습 컨설턴트의 역할. 학교심리와 학습컨설팅, 1(1), 19－33.
김정섭(2012). 교수학습센터를 위한 학습컨설팅. 교육심리연구, 26(4), 837－851.
김지영(2013). 자기조절학습프로그램이 초등 학습부진아의 학습동기와 학습전략에 미치는 영향. 부산대학교 대학원 석사학위 논문.
김지영, 김정섭(2014). 학교기반 학습컨설팅 프로그램이 초등학생의 학습전략에 미치는 효과. 학습자중심교과교육학회지, 14(6), 169－192.
김현영, 정영선(2010). 청소년을 위한 학습상담. 서울: 시그마프레스.
노지영(2011). 어린이를 위한 시간관리의 기술. 경기도: 위즈덤하우스.
박수홍, 안영식, 정주영(2010). 체계적 액션러닝. 서울: 학지사.
박은교(2011). 세계 1등 위인들이 들려주는 아주 특별한 시간관리 습관. 경기도: 니케북스.
사이언 베일락(2011). 부동의 심리학(박선령 역). 경기도: 21세기북스.
소년한국일보(2102). “꽃 · 풀잎 우산 속으로… 곤충들의 폭우 피하는 요령”. 7월 29일.
신현숙(2005). 독서교육. 서울: 홍진P&M.
어린이동아(2012). “지구촌 ‘탄소 없애기’ 대작전”. 3월 12일.
어린이 동아(2012). “뜨거워진 한반도, ‘경북포도’ 옛말”. 8월 14일.
어린이 동아(2012). “확대되는 녹조현상”. 8월 9일.
윤채영(2011). 전문가 모형의 학교기반 학습컨설팅 적용이 학습전략에 미치는 효과. 교육심리연구, 25(3), 545－567.
윤채영, 김정섭(2015). 학교기반 학습컨설팅 모형개발. 한국교육, 42(1), 107－135.
윤채영, 김정섭(2010). 예방적 학습컨설팅이 전환기 중학생의 학업동기에 미치는 영향. 중등교육연구, 58(3), 381－408.
윤채영, 황두경, 김정섭(2012). 초등 학습부진아와 일반아의 학업동기와 학습전략 특성 비교. 사고개발, 8(2), 125－149.
윤현주, 윤소영, 김정섭(2009). 주의집중전략 훈련이 초등학생의 학습태도와 학업성취도에 미치는 영향. 학교심리와 학습컨설팅, 1(1), 67－78.
이채윤(2006). 컴퓨터 병을 고치는 의사 안철수. 서울: 보물섬.
이화진, 임혜숙, 김선, 송현정, 홍순식, 조난심(1999). 초등학교 학습부진아용 교수－학습자료 개발: 학습동기 전략 프로그램 (CRC 1999－2). 서울: 한국교육과정평가원.
전도근(2012). 공부의 달인이 되는 기억력과 암기력 향상 전략(교사용 지도서). 서울: 학지사.
전도근(2011). 공부의 달인이 되는 기억력과 암기력 향상 전략(학생용 워크북). 서울: 학지사.
전도근(2010). 자기주도적 학습전략 시리즈 2: 공부의 달인이 되는 주의 집중력 향상 전략 교사용 지도서. 서울: 학지사.
정미선, 정세영(2012). 영재학생과 일반학생의 학습양식 비교. 영재교육연구, 2012, 22(2), 39－59.
정세영, 김정섭(2013). 전환기 중학생의 학습동기와 학습전략의 관계. 사고개발, 2013, 9(1), 161－176.
천경록, 이경화 역(2003). 독서지도론, 서울: 박이정.
최동선, 정향진, 이민욱, 문한나, 추연우, 현지훈(2014). 국가직무능력표준(NCS)학습모듈 활용방안 연구. 서울: 한국직업능력개발원.
최정원, 이영호(2006). 시험불안 다루기 전략 및 시험전략. 서울: 학지사.
표시정(2007). 은혜갚은 꿩. 서울: 씽크하우스.
한국콘텐츠진흥원(2005). “산사의 소리, 은혜 갚은 꿩”. http://www.culturecontent.com (2015.8.20. 방문).
호아킴 데 포사다(2009). 마시멜로 이야기. 서울: 한국경제신문사.
황경렬(1997). 행동적, 인지적, 인지－행동 혼합적 시험불안 감소훈련의 효과비교. 한국심리학회지: 상담과 심리치료, 9(1), 57－80.
황두경, 김정섭(2014). 초등학교 학습부진학생의 시간관리능력과 학업적 자기효능감에 대한 시간관리 학습전략 프로그램의 효과. 사고개발, 10(4), 39－57.
Bobb Biehl, B., & Paul Swets. (2012). 꿈을 향한 31일간의 여행(박영인 역). 경기도: 큰나무(원저 2007에 출판).
Carolyn, C. (2012). 학습부진아 지도를 위한 220가지 전략 학습코칭(정종진 역.). 서울: 시그마 프레스(원저 2001 출판).
Finch, C. R., & Crunkilton, J. R.(1999). Curriculum development in vocational and technical education. planning, content, and implementation, MA : Allyn and Bacon.
Stephen R. Covey., A. Roser Merrill., & Rebecca R. Merrill. (1997). 소중한 것을 먼저 하라(김경섭 역). 서울: 박영사(원저 1994에 출판).

공저자약력

김정섭(KIM JungSub)

창의성교육, 비판적사고, 칭찬프로그램개발에 관심을 가지고 연구를 하였고, 최근에는 학습컨설팅을 토대로 한 학교심리학에 많은 관심을 가지고 있다. 현재 부산대학교 교육학과 교수로 근무하고 있다.

creativejin@pusan.ac.kr

강명숙(KANG MyungSuk)

인지, 정서, 행동문제로 어려움을 겪고 있는 학생들의 적응을 위한 학습컨설팅 및 창의력교육에 관심을 가지고 연구하고 있다. 현재 한국학습컨설팅센터장으로 근무하고 있다.

kangms386@hanmail.net

윤채영(YOON ChaeYoung)

학습컨설팅, 학습부진, 학습전략, 학습몰입, 학업중단, 학사경고 등에 관심을 가지고 연구하고 있다. 현재 신라대학교 교육혁신본부 교수로 근무하고 있다.

chaeyoungy@hanmail.net

정세영(JUNG SeYoung)

창의력과 글 이해에 대하여 관심을 가지고 연구하였고, 최근 학습컨설팅과 창의적 학습에 많은 관심을 가지고 있다. 현재 계명대학교 교수학습개발센터 교수로 근무하고 있다.

308580@hanmail.net

김지영(KIM JiYoung)

학습부진, 학습동기 및 학습전략에 관심을 가지고 연구하였으며, 최근 대학생의 진로/학습컨설팅과 수업참여에 많은 관심을 가지고 있다. 현재 경남대학교 대학혁신지원사업단 교수로 근무하고 있다.

chinkuya@hanmail.net

김소영(KIM SoYeong)

진로상담, 학습자 심리정서조절, 학습부진아 학습컨설팅, 진로학습컨설팅에 관심을 가지고 연구하고 있다. 현재 영산대학교 교수학습개발원 교수로 근무하고 있다.

donald9328@gmail.com

황두경(HWANG DuGyeong)

학습부진 및 시간관리에 관심을 가지고 연구를 하였고, 최근에는 대학생의 학습역량 강화 프로그램 개발에 많은 관심을 가지고 있다. 현재 동의대학교 교수학습개발센터 교수로 근무하고 있다.

hdk1225@deu.ac.kr

학습컨설팅 프로그램 시리즈

학습전략 프로그램

: 학습컨설턴트, 교사 등 전문가들을 위한 학습전략 프로그램 사용 안내서

- 학습전략 프로그램 1 : 시간관리
- 학습전략 프로그램 2 : 집중전략
- 학습전략 프로그램 3 : 기억전략
- 학습전략 프로그램 4 : 읽기전략
- 학습전략 프로그램 5 : 시험관리

학습전략 프로그램 워크북

: 프로그램에 따른 학습전략 사용능력 향상을 위한 실전용 학생 개별 활동지

- 학습전략 프로그램 워크북 1 : 시간관리
- 학습전략 프로그램 워크북 2 : 집중전략
- 학습전략 프로그램 워크북 3 : 기억전략
- 학습전략 프로그램 워크북 4 : 읽기전략
- 학습전략 프로그램 워크북 5 : 시험관리

학습컨설팅 시리즈
학습전략 프로그램 워크북 04 읽기전략

초판발행 2020년 3월 4일

공저자 김정섭 · 강명숙 · 윤채영 · 정세영 · 김지영 · 김소영 · 황두경
펴낸이 노 현

편 집 조보나
기획/마케팅 이선경
표지디자인 조아라
제 작 우인도 · 고철민

펴낸곳 ㈜ 피와이메이트
서울특별시 금천구 가산디지털2로 53 한라시그마밸리 210호(가산동)
등록 2014. 2. 12. 제2018-000080호
전 화 02)733-6771
f a x 02)736-4818
e-mail pys@pybook.co.kr
homepage www.pybook.co.kr
ISBN 979-11-6519-008-8 94370
979-11-6519-011-8 94370(세트)

정 가 9,500원